PUBLICATION DE LA RÉUNION DES OFFICIERS

LE
DRAPEAU NATIONAL

SON HISTORIQUE

PAR

L. LÈQUES

SOUS-INTENDANT MILITAIRE

MEMBRE DE PLUSIEURS SOCIÉTÉS SAVANTES.

PARIS

CH. TANERA, ÉDITEUR

LIBRAIRIE POUR L'ART MILITAIRE, LES SCIENCES ET LES ARTS

Rue de Savoie, 6.

1873

LE DRAPEAU NATIONAL

SON HISTORIQUE

PARIS. — IMPRIMERIE DE E. DONNAUD,

RUE CASSETTE, 9.

PUBLICATIONS DE LA RÉUNION DES OFFICIERS

LE
DRAPEAU NATIONAL

SON HISTORIQUE

PAR

L. LÈQUES

SOUS-INTENDANT MILITAIRE

MEMBRE DE PLUSIEURS SOCIÉTÉS SAVANTES.

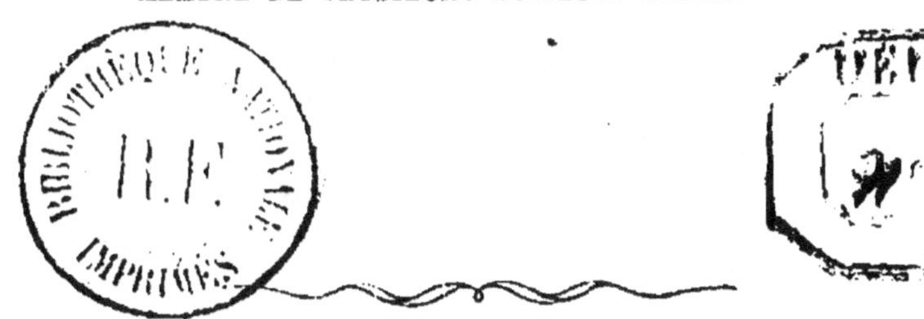

PARIS

CH. TANERA, ÉDITEUR

LIBRAIRIE POUR L'ART MILITAIRE, LES SCIENCES ET LES ARTS

Rue de Savoie, 6.

1873

LE DRAPEAU NATIONAL [1]

A toutes les époques, les combattants eurent des signes qui leur indiquaient la direction à suivre, le point où se rallier. Ces signes, devenus trophées de la victoire, se conservaient ensuite comme témoins de gloire nationale; le triomphe des pères servait d'encouragement aux enfants.

Les signes les plus anciens furent des branches d'arbres, des perches surmontées d'une poignée de foin, des peaux de bêtes sauvages. A ces emblèmes grossiers succédèrent, bien plus tard, des effigies d'animaux symbolisant le courage, la force ou l'adresse. Plus tard encore apparurent des pièces d'étoffes ou enseignes sur lesquelles étaient représentés des animaux, des astres, les images des dieux, etc., etc...

L'emblème militaire et national des Gaulois fut

---

(1) L'équité et un sentiment de reconnaissance nous font un devoir de dire que nous avons fait des emprunts aux ouvrages suivants :

Des anciennes enseignes et estendarts de France, par GALLAND;
Le drapeau de la France, par MARIUS SEPET;
Les drapeaux français, par le comte HENRI DE BOUILLÉ.

le sanglier, que l'on retrouve sur presque toutes leurs monnaies et sur les sculptures de l'arc de triomphe d'Orange.

Les Franks-Ripuaires eurent pour emblème une épée, la pointe en haut; les Franks-Saliens, une tête de bœuf. Sur les enseignes des premiers rois mérovingiens figuraient des animaux emblématiques.

Après l'installation définitive des Franks sur le territoire gallo-romain, il parut dans leurs armées un étendard ayant un caractère à la fois religieux et national. C'était la chape de saint Martin, c'est-à-dire ses reliques parmi lesquelles figurait son manteau, *cappa* (1), dans une sorte d'oratoire portatif. Clovis, converti au christianisme, avait adopté cette cape comme étendard, dans le but de s'assurer le concours des chrétiens orthodoxes contre les Wisigoths, qui étaient ariens. Ce n'était plus seulement un signe de ralliement, c'était encore un objet de vénération. Le manteau du saint était en étoffe vile et grossière de couleur *bleu* foncé.

Franchissons deux siècles : Les Arabes musulmans ne se lassant point d'envahir tant qu'il y avait de la terre devant eux, ravageaient le midi de la Gaule. Avide autant que vaillant, leur chef Abdel-Rhaman (l'Abdérame des chroniques chrétiennes), qui avait entendu parler du trésor de l'abbaye de Saint-Martin, s'était dirigé sur Tours. Il arrivait

---

(1) D'où l'expression qui est en usage « rire sous cape »

déjà sous les murs de la ville. Tout ennemi de l'E-
tat frank fut, dès lors, décrété *Sarrazin* par l'opinion populaire, comme de nos jours l'Arabe appelle tout étranger du nom de : *Roumi*. Au bruit
de cette invasion, Charles, qui devait, à partir de
ce moment, recevoir le surnom de *Martel*, ac-
court avec le palladium des Franks, et la cape de
saint Martin voit reculer le flot des envahisseurs. Il
est assurément digne de remarque que le christianisme, la civilisation naissante, aient prévalu contre
le déisme, la barbarie, entre Tours et Poitiers, au
lieu même, où, 225 ans auparavant, Clovis avait
vaincu les Wisigoths (1).

Un siècle n'est pas écoulé, et l'on voit « le grand
Karle » se rendre à Rome, replacer Léon III sur le
trône d'où ses compétiteurs l'avaient arraché, et,
pour prix de ce service, recevoir la couronne im-
périale. Outre cette éclatante récompense, le Pape
remit à l'héritier des empereurs de Rome, au moment de son départ, une bannière, en présence de
son armée rangée en bataille. Cette bannière portait
sur un fond bleu, qui était alors la couleur litur-

---

(1) Après la bataille, Charles-Martel fit sceller son épée vic-
torieuse sous l'autel de l'église de Sainte-Catherine de Fierbois.
Avant de se mettre à la tête des armées françaises, Jeanne d'Arc
vint à Sainte-Catherine de Fierbois pour y prendre l'épée de
Charles-Martel, et l'apporta au roi Charles VII, qui était alors
à Chinon avec sa cour.

Une ode, composée par M. le baron Papion du Château, se
vend au profit de la réparation de cette vieille église de Tou-
raine.

gique de saint Martin en sa qualité de confesseur de l'Eglise, six roses rouges. C'était une large flamme à trois queues, ou, si l'on veut, à trois pointes. Au sommet du portant, au-dessus de la bannière, se voyait une houppe. L'éminence sur laquelle eut lieu la remise de cet étendard s'appelait *Mons gaudii*, mont de la joie ; de là l'enseigne retint le nom de Montjoie, et le cri de guerre des Franks fut : *Montjoie*.

Certains étymologistes voient l'origine de Montjoie dans *Mons Jovis* ; d'autres rappellent que, jadis, ce mot servait à désigner des tas de pierres formés dans les champs pour indiquer les chemins à suivre, d'où, à la guerre, Montjoie voulait dire « suivez l'étendard ». Bien qu'il ne nous convienne pas de faire une dissertation et qu'il ne nous appartienne point de décider, encore faut-il que nous mettions quelque preuve au soutien de notre assertion. Dans cette circonstance nous invoquerons le témoignage de la *chanson de Roland*, qui est tout à la fois un poëme épique et un monument historique, et qui fut composée vers la fin du XIe siècle, par conséquent à une époque relativement rapprochée du fait qui nous intéresse.

Voici le passage :

« Le dernier corps est des barons de France;
» Cent mille sont des meilleurs capitaines,
» Corps ont gaillards et fières contenances,
» Les cheveux blancs et les barbes ont blanches.
» Ils ont vêtu hauberts, doubles cuirasses.
» Et ceint épées françaises ou d'Espagne ;

» Leurs écus portent des marques différentes ;
» A cheval sont : la bataille demandent ;
» Monjoie ils crient ! Entre eux est Charlemagne ;
» Geoffroy d'Anjou y porte l'oriflamme.
» Fût de Saint-Pierre et avait nom Romaine ;
» Mais de Montjoie son nom là prit échange. »

Mais quelle était cette oriflamme que portait Geoffroy d'Anjou? Un rituel de l'église de Saint-Martin, au chapitre *de Comite andeganiæ*, nous le fait connaître par ces termes : « *Ipse habet vexillum B. Martini quoties vadit in bello.* »

La chanson de Roland porte un témoignage, sinon mathématique, au moins historique, et nous inclinons à penser que la bannière de saint Martin fut l'étendard suprême du temps de Charlemagne.

En 838, la *Romaine* vit devant Tours la défaite des Northmans qui dévastaient tout le pays depuis l'embouchure de la Loire ; saint Martin s'était acquis un nouveau titre à la vénération des Francks. Pour perpétuer le souvenir de cette victoire, on érigea sur le champ même de la bataille une chapelle sous le vocable. « *Sanctus Martinus de bello* » (Saint Martin le protecteur dans la guerre), et par corruption saint Martin le beau.

Voulant maintenir cette monographie dans les bornes du sujet principal, nous ne parlons pas de la bannière *jaune* de Paris assiégé par les Northmans, non plus des étendards féodaux, non plus des bannières qui précédaient les milices paroissiales. Nous suivrons uniquement l'enseigne par excellence, l'étendard de Charlemagne. Donc, que devint la *Ro-*

maine, le *Montjoie*, dans la suite des temps ? On peut conjecturer qu'elle fut déposée dans l'église de Saint-Denis, lorsque le duc Hugues, proclamé roi à Senlis, vint se fixer au centre de son duché à Paris, qui avait cessé d'être la résidence des rois depuis les Mérovingiens fainéants. Cette conjecture ne doit pas paraître toute gratuite à qui se rappelle que Hugues-Capet, inspiré par les événements heureux qui lui arrivaient, s'était livré à une grande piété et avait placé sa dynastie sous la protection de l'Église, la grande puissance de l'époque. C'est ainsi que ce roi continua toute sa vie à porter la chape d'abbé de Saint-Martin de Tours dont il avait le titre.

Un peu plus tard, quand le comté du Vexin, qui était dans la mouvance de Saint-Denis, fut réuni au domaine de la couronne par l'extinction des anciens comtes, l'abbaye n'eut plus d'autre avoué (1) que le roi. Dès lors, le Montjoie cesse d'être levé et céda la place à la bannière propre de l'abbaye. A Saint-Martin avait succédé Saint-Denis.

Suivant la tradition, cette bannière avait été donnée par Dieu à Clovis et on la gardait à Saint-Denis, parce que le patron du monastère était aussi le patron du royaume. Quelques chroniques racontent que ce serait un don que Dagobert aurait octroyé à

---

(1) Les contingents fournis par les monastères ou par les évêques étaient commandés à l'armée, par un *avoué* qui recevait en échange, à titre de fief, des terres et des droits pécuniaires considérables.

l'époque où il fonda l'abbaye de Bénédictins (1). Ce qui demeure authentique, c'est que cette bannière s'appela d'abord *l'enseigne Saint-Denis*, puis fut nommée *oriflamme* quand elle eut acquis de la célébrité à la suite des luttes que les vassaux de l'abbaye soutinrent contre les Normands. Elle avait cette dénomination dès le commencement du onzième siècle. La confusion se mit. et ce n'est pas difficile à comprendre, dans l'esprit du peuple, qui adopta comme cri de guerre « *Montjoie Saint-Denis* (2). »

La levée de l'oriflamme donnait lieu à une cérémonie environnée du caractère le plus pompeux. Le Roi, après avoir communié à Notre-Dame, se dirigeait vers Saint-Denis. Après la messe et la bénédiction, il recevait, à genoux, des mains de l'abbé, l'oriflamme ; puis il la confiait à un « chevalier loyal, preud-homme et vaillant (3). On ne la dé-

---

(1) Dom Vaissaite rapporte que Sisenand, l'un des principaux chefs des Wisigoths, demandant des secours à Dagobert, lui offrit, au prix de ce service, un riche bassin d'or qui était conservé dans le trésor de la couronne. Plus tard les Wisigoths n'ayant pas voulu souffrir que cet objet passât en des mains étrangères, le rachetèrent 200,000 sols d'or, et ce serait avec cette somme que Dagobert aurait élevé l'église de Saint-Denis. Si l'histoire est vraie, ce bassin était un cratère de plusieurs mètres de circonférence (Viollet-Leduc).

(2) Selon quelques auteurs, Montjoie était le nom de famille des comtes du Vexin, dont les membres étaient aussi abbés de Saint-Denis.

(3) Le chevalier désigné se confessait, recevait l'Eucharistie et faisait serment sur l'hostie de garder fidèlement l'oriflamme jusqu'à la mort.

ployait et on ne l'arborait au haut d'une **lance**
qu'au moment du combat; en attendant la rencontre,
un chevalier la portait « en esquierpe » (1) c'est-à-
dire en écharpe. La guerre terminée, la bannière
était, toujours avec la même pompe, reportée par
le Roi sur l'autel de l'église abbatiale.

La première levée de l'oriflamme eut lieu en 1124.
Il s'agissait de repousser l'Empereur d'Allemagne,
Henri V, qui, à la tête d'une nombreuse armée de
Lorrains, d'Allemands, de Bavarois, de Souabes, de
Saxons, menaçait d'envahir ce coin de terre qu'on
appelait le duché de France. Conformément à l'ancienne coutume germanique, Louis VI proclama le
ban de l'invasion étrangère ; et ce roi qui, lorsqu'il
était réduit à ses propres forces, n'avait sous sa
bannière qu'une poignée de combattants, sept-cents
chevaliers au plus, voit tous les barons de France,
tous les évêques et abbés, les milices paroissiales
depuis la Loire jusqu'à la Somme, accourir à son
appel et se presser autour des plis mouvants de l'o-
riflamme. On peut affirmer que l'Allemagne féodale,
et peut-être aucun autre pays de l'Europe, n'eût
offert à la même époque un pareil spectacle, un patriotisme aussi bien compris. C'est que Louis VI était
le père des communes et que le duché de France,
ce fief souverain de tous les fiefs, était déjà dans
la conscience des populations, la Patrie. Mais écoutons
le récit d'un témoin contemporain, l'abbé Suger :

---

(1) Chronique de Saint-Remy, chapitre XLI.

« Les Français, indignés des menaces de ces nou-
» veaux ennemis et pleins encore du souvenir des
» victoires qu'ils avaient jadis remportées sur les
» Allemands, levèrent des troupes de toutes parts et
» les dirigèrent sur Reims. Et quand l'armée fut
» réunie, il s'y trouva une si grand quantité de che-
» valiers et de gens de pied, qu'on eût dit des nuées
» de sauterelles qui couvraient la surface de la terre
» non-seulement sur les rives des fleuves, mais
» encore sur les montagnes et dans les plaines (1). »
L'Empereur, intimidé par cette formidable levée en
masse, se retira au-delà du Rhin, pour signer
bientôt la paix. La route des invasions germani-
ques fut barrée par les volontaires du 12ᵉ siècle,
comme elle le fut, 600 ans plus tard, aux défilés de
l'Argonne, par les volontaires de 1792, et Suger put
ajouter avec raison : « Le royaume est invincible
» quand tous ses membres sont unis. »

Malgré ce résultat immense, on pouvait prévoir que
le choc entre le monde gallo-romain et le monde
germanique n'était qu'ajourné. Le mouvement d'invasion reprit en effet, quatre-vingt-dix années plus
tard, avec une impulsion nouvelle. Il se forma contre la France une coalition dans laquelle entrèrent
les ducs de Limbourg, de Brabant, de Lorraine, les
comtes de Hollande, de Namur, de Boulogne,
l'empereur Othon et le roi d'Angleterre. La lutte

---

(1) D'après Suger, cette armée divisée en huit corps, aurait
compté près de 200,000 combattants, mais il y a sans doute
exagération.

se présentait grave; comme on disait alors, il s'agissait pour la France de devenir Flandre ou pour la Flandre de devenir France. Mais le même élan de patriotisme se produisit comme au siècle précédent, et l'oriflamme qui avait vu reculer l'empereur Henri présida encore à la défaite de l'empereur Othon, à bataille de Bouvines. Dieu nous préserve « *de nous donner loy*, comme dit Montaigne, *d'incliner l'histoire à notre fantaisie.* » Nous rapportons l'histoire avec une bonne foi absolue ; c'est pourquoi nous disons que, de même que la bannière de saint Martin avait clos l'ère des invasions au midi, de même l'oriflamme de Saint-Denis suspendit le cours des invasions au nord. O ciel ! fallait-il que ce triomphe ne fût que le prologue d'un drame qui ne s'est pas achevé... !

Le suprême étendard figurait au désastre d'Azincourt ; il était aussi à Montlhéry. Là s'arrête son histoire. Nous nous trompons : la popularité de cette bannière traversa les siècles, à tel point que le 14 juillet 1790, en dépit des idées de l'époque, on vit à la fête de la confédération nationale défiler, dans la procession qui se rendait au Champ de Mars, un porte-oriflamme.

Les archéologues ne se sont pas tous accordés dans la description qu'ils ont donnée de la célèbre enseigne, sur sa disposition, sur sa forme, sur sa couleur. D'aucuns avancent qu'elle était disposée comme une bannière ; d'aucuns, qu'elle était en forme de flamme ; d'aucuns, qu'elle était bleue ;

d'aucuns « sans pourtraicture d'autre affaire. » Il serait trop long d'introduire une dissertation dans une étude que nous essayons de faire sommaire. Aussi bien des renseignements suffisants sont fournis par l'inventaire du trésor de l'abbaye de Saint-Denis, lequel fut dressé en 1504 ,sous le règne et par l'ordre de Louis XII. Voici en quels termes il est fait mention de l'oriflamme :

« Contre le pilier du coing du costé senestre, un
» éstendard de cendal (taffetas ou soie) fort caduc-
» que, enveloppé autour d'un baston couvert d'un
» cuivre doré, un fer longuet, agu au bout d'en haut,
» que les religieux disoient estre l'oriflambe (1). »

A notre sentiment, puisque l'oriflamme se trouvait enveloppée autour d'un bâton, il est vraisemblable que la draperie n'était pas fixée à une hampe en potence ou en croix à l'instar des bannières de nos églises, mais bien attachée sur le côté de la lance, c'est-à-dire se rapprochant plutôt de la forme des drapeaux de nos jours. Voilà pour la disposition.

En ce qui se rapporte à la forme, le nom même *d'aurea flamma*, indique assez que cet étendard avait la forme d'une flamme, fendue par le bout en plusieurs langues ou flammèches (au nombre de trois, disent la plupart des écrivains), destinées à flotter au vent.

____

(1) L'auteur, le frère Doublet ajoute avoir encore vu l'oriflamme après la réduction de Paris, en la soumission du roi, en 1594, lorsque les reliques furent transportées de Paris à Saint-Denis.

Pour la couleur, aucun doute; elle était rouge. Le rouge était la couleur de saint Denis en sa qualité de martyr (1). L'oriflamme portait brodés en or ces mots : « *joie Saint-Denis.* » A cette époque le rouge était donc à la fois la couleur cléricale, féodale, royale, nationale.

En même temps que l'oriflamme, ou du moins peu de temps après, apparut dans les armées la bannière sous laquelle se rangeaient les vassaux du duc de France, comte de Paris et d'Orléans, la bannière du Roi. Elle figura sur les champs de bataille du treizième, du quatorzième et du quinzième siècle. A la bataille de Bouvines, Galon de Montigny portait la bannière royale. Philippe-Auguste ayant été renversé de cheval, Montigny haussait et baissait son étendard, afin de faire connaître à toute l'armée le péril où se trouvait le roi et, quoique embarrassé par le poids de cet étendard, il faisait au roi un rempart de son corps, renversant à grands coups de sabre tous ceux qui se présentaient pour l'assaillir. Cet étendard assista aux mauvais jours de Crécy, de Poitiers, d'Azincourt, Ce n'était qu'une bannière féodale, pourtant elle survécut à l'oriflamme et il faut en voir la cause dans l'étroite union que la France contracta avec les Capétiens, la première dynastie vraiment nationale. Aussi son véritable nom n'est-il plus oriflamme

---

(1) La couleur liturgique était le *vert* pour les évêques; pour les martyrs, le rouge; pour un confesseur, le bleu.

mais bannière de France. Cette bannière était d'azur, fleurdelisée d'or. Sa forme, c'était un morceau d'étoffe carré attaché latéralement à la hampe et sans queues. Dès le quinzième siècle, on peut donc, sans impropriété d'expression, qualifier de drapeau bleu, le pennon royal, la bannière de France, le drapeau national.

En 1429, au couronnement de Charles VII et vingt années plus tard, à son entrée triomphale dans Rouen, après l'expulsion des Anglais, Havart, écuyer tranchant, portait derrière les pages « un pennon de velour azuré, à quatre fleurs de lis d'or. » Quant à l'étendard personnel de Jeanne d'Arc, « la fille au grand cœur », il était blanc et représentait Dieu adoré par deux anges avec cet exergue : JHESUS MARIE.

Dans le siècle suivant un poëte latin célèbre avec enthousiasme le drapeau de la France : « Ce n'est » pas l'aigle, ce ne sont point les léopards que por- » tent les enseignes des Français, ils n'offrent point » aux regards un animal avide de sang ou d'une » rapacité féroce. La candeur seule se montre en » eux ; une belle et douce fleur y semble répandre » d'agréables parfums. Leur couleur, d'azur céleste, » agréable à tout l'univers, montre que ces éten- » dards sont pour nous tombés du ciel. »

Dès le règne de Charles VII, on voit s'ajouter sur l'antique bannière de France une marque nouvelle, une nouvelle couleur : cette marque, c'est la croix; cette couleur nouvelle, c'est le blanc, qui va devenir, après le bleu et en sa place, la couleur royale et nationale de la France.

La croix blanche était un insigne que les Français portaient sur leurs vêtements de guerre, par opposition directe aux Anglais qui portaient cette croix rouge. Du vêtement, ce signe distinctif passa sur l'étendard. Les francs-archers marchaient sous l'étendard bleu semé de fleurs de lis d'or, traversé par une croix blanche. Le 31 décembre 1494, Charles VIII fit son entrée à Rome, précédé de cet étendard. Ce fut le même qui flottait à Marignan, cette victoire qui répara les sanglantes journées de Crécy, de Poitiers et d'Azincourt.

Cependant le blanc tendit à empiéter de plus en plus, pour ainsi dire, sur le bleu. Vers le milieu du seizième siècle, le drapeau déployait quatre quartiers, deux bleus, deux blancs, toujours avec un semis de fleurs d'or. Vingt ans plus tard, il était mi-partie horizontalement, bleu en haut et blanc en bas. Enfin, sous Henri IV, le drapeau devient complétement blanc (1). Mais, tandis que le blanc était la

---

(1) Le blanc avait été la couleur de la cornette, du pennon royal, le signe particulier de la souveraineté militaire. C'est conformément à cette tradition que les généraux, commandants en chef, portent de nos jours la plume blanche au chapeau, et les chefs de corps, une aigrette blanche.

Les armes de Bourbon-Lamarche-Vendôme étaient au 1er et au 4e quartiers d'azur (bleu) à trois fleurs de lis d'or, à la bande de gueules (rouge) chargés de trois lionceaux d'argent (blanc); aux 2e et 3e d'argent (blanc) au chef de gueules (rouge) au lion d'azur (bleu) armé et couronné d'or brochant sur le tout.

couleur nationale, le *bleu*, le *rouge*, et le *blanc*
étaient les couleurs de la branche de Bourbon-
Lamarche-Vendôme, dont le roi de Navarre était
le chef. C'est sans doute pour ce motif qu'Henri IV
envoya aux Hollandais, qui lui avaient demandé le
drapeau de la France, un drapeau où ces trois couleurs étaient réunies.

Il y avait dans les régiments autant de drapeaux
que de compagnies, plus tard autant seulement que
de bataillons; mais à partir de l'ordonnance de 1670,
tous les régiments arborèrent un drapeau uniforme,
le drapeau blanc aux armes de la maison de France.

L'enseigne blanche fut le symbole de la France
pendant les dix-septième et dix-huitième siècles.

Durant cette période, les rois prirent souci de la
constitution territoriale de la France. La guerre
fut aussi vaste que les intérêts qui étaient en
cause ; elle eut pour champs de bataille les Pays-
Bas, l'Allemagne, le Milanais, la Catalogne, le Rous-
sillon. Le drapeau blanc flotta à Fontaine-Française,
à Perpignan, à Rocroy, à Fribourg, à Nordlingen,
à Lens, à Senef. Le royaume, agrandi, toucha aux
Alpes et aux Pyrénées ; Condé, triomphant, déchira,
suivant la belle expression du poëte, la *robe verte du
Rhin*. La France recula ses limites jusqu'aux fron-
tières de l'ancienne Gaule, et depuis, jamais ces
limites n'ont pu être dépassées.

Mais ce n'était pas assez pour les ministres de nos
rois de maintenir l'équilibre européen, leur ambition
voulait de plus que les autres nations fussent hu-

miliées. Il faut le dire, cette politique violente qui
fait consister la gloire d'une nation dans l'humilia-
tion et l'abaissement de toutes les autres, lui est
toujours fatale à la longue et devient la source de
réactions terribles et de guerres perpétuelles ; car
l'amour de la patrie, de l'indépendance et de la dignité nationale est dans la cœur de tous les peuples :
pour eux, comme pour les individus, la liberté,
l'honneur sont les plus précieux des biens ; et de la
part d'une nation humiliée ou esclave, accepter une
trêve, signer une paix, c'est ajourner la vengeance....

A son tour, la France dut subir des représailles.
Le drapeau blanc s'illustra encore à Fontenoy.
Hélas ! à Rosbach, il ne flottait plus que sur un
camp encombré de cuisiniers, de perruquiers, de
comédiens, de perroquets, de parasols et de caisses
de parfumeries. Le pays marchait fatalement vers
une révolution.

Au moment où nous arrivons à l'année 1789, il
nous faut revenir à cinq siècles en arrière.

En 1356, Paris soulevé, avait adopté comme moyen
de reconnaissance contre le parti du Dauphin régent,
des coiffures ou chaperons mi-partie rouges et bleus.
Au choix de ces couleurs il y avait une raison, c'est
que dans les armes de la ville figuraient le *gueules*
et l'*azur*, c'est-à-dire en terme de blason, *rouge* et
bleu. Le prévôt des marchands, Étienne Marcel, chef
de l'insurrection, avait même envoyé ce chaperon
à d'autres villes, qui ne s'associèrent pas au mouvement. A cette époque, l'esprit communal domi-

nait encore l'esprit national. En 1789, le 14 juillet,
les Parisiens qui prirent la Bastille portaient, soit
au chapeau, soit sur l'habit, un nœud de rubans
rouges et bleus. La cocarde aux mêmes couleurs fut
donnée à la garde nationale que le comité permanent
des électeurs de Paris, pouvoir insurrectionnel,
avait armée en dehors de l'autorité du roi et de
l'Assemblée. Le 17 juillet, Louis XVI étant venu
de Versailles à l'hôtel de ville de Paris, fut reçu
par le maire Bailly, qui lui dit : « Sire, j'apporte à
» Votre Majesté les clefs de sa bonne ville de Paris,
» ce sont les mêmes qui ont été présentées à Henri IV ;
» il avait reconquis son peuple ; ici, c'est le peuple
» qui a reconquis son roi ! » En ce moment, le roi
attacha la cocarde parisienne sur la cocarde blanche
qu'il portait à son chapeau, ce qui devait, selon la
propre expression de La Fayette, nationaliser l'ancienne couleur. Le commandant de la garde nationale faisait une grande erreur : le blanc, étant l'ancienne couleur française, pouvait seul donner un
certain caractère national aux couleurs de la révolution, qui étaient essentiellement parisiennes. Suivant le général Bardin, La Fayette tenait à ce que le
blanc, considéré comme chevaleresque et caracté-
ristique du pouvoir militaire, représentât parmi les
autres couleurs celle de l'armée.

Quoi qu'il en soit, l'origine de la cocarde tricolore
a été composée par l'adjonction du blanc, couleur
nationale de la France, au bleu et au rouge, couleurs
de la ville de Paris.

Se tromperait beaucoup qui s'imaginerait que, dès l'apparition de cette cocarde, il en soit résulté l'adoption immédiate et générale d'un type uniforme d'étendard tricolore pour l'État. Dans la milice parisienne, qui fut pendant quelque temps la seule force armée, il y eut encore des drapeaux anciens pêle-mêle avec des drapeaux portant les trois couleurs disposées d'une façon tout arbitraire. Outre la variété, il y avait la multiplicité. Chaque bataillon avait son drapeau (1), et cette situation dura jusque sous l'empire.

L'Assemblée constituante ordonne, le 24 octobre 1790, que le pavillon français sera composé de trois bandes égales et disposées verticalement : le rouge le plus près du bâton, le blanc au milieu, le bleu à l'extrémité. Ainsi, le drapeau adopté par l'Assemblée constituante est rouge, blanc, bleu.

La Convention régla à nouveau la disposition des couleurs : le bleu devait être attaché à la gaule, le blanc au milieu et le rouge flottant. Un décret du 27 novembre 1792 prescrivit d'effacer ou de couvrir par des étoffes aux trois couleurs tous les emblèmes de la ci-devant royauté qui pourraient encore se trouver sur les drapeaux ou étendards.

Le drapeau de la Convention demeura celui du Directoire et du Consulat. Mais les couleurs affectaient des dispositions très-variées et souvent fort com-

____

(1) C'est de là probablement que viennent les locutions « être sous les drapeaux », « rejoindre les drapeaux. »

pliquées. Ainsi, le drapeau du pont d'Arcole était traversé en diagonale par deux bandes blanches; quatre autres bandes blanches rejoignaient entre eux les milieux des quatre côtés, ce qui divisait l'étoffe en quatre losanges, dont deux rouges et deux bleues, et huit triangles, dont quatre rouges et quatre bleus; au centre était un faisceau de licteur surmonté du bonnet de la Liberté et entouré de deux branches de laurier vertes. On sait que ce drapeau, qui était celui de la 12ᵉ demi-brigade, fut donné, à titre de récompense nationale, au général Bonaparte.

Sous l'Empire, il fut question un moment de remplacer les trois couleurs par le *vert impérial;* pourtant ce projet ne se réalisa pas. On conserva le drapeau tricolore, mais les trois couleurs furent ainsi disposées : un carré blanc ayant ses angles au milieu des côtés du drapeau ; des quatres triangles ainsi formés dans les angles du drapeau, deux étaient rouges et deux étaient bleus. Le carré blanc portait des inscriptions. C'est ce drapeau qui a flotté dans les capitales de l'Europe.

La cocarde et le drapeau tricolores furent naturellement les signes de ralliement des divers partis conjurés contre la Restauration, et la Révolution de juillet 1830 s'accomplit sous les trois couleurs.

En 1848, comme les démagogues voulaient imposer le drapeau *rouge*, M. de Lamartine, membre du gouvernement provisoire s'opposa avec un grand courage à cette prétention, et, dans une allocution

énergique, à ceux qui se présentaient avec cet insigne, il leur dit : « Retirez-le, la France n'en veut
» pas, elle veut son étendard aux trois couleurs.
» Votre drapeau rouge n'a jamais fait que le tour
» du Champ de Mars ; le drapeau tricolore a fait le
» tour du monde. » Il était écrit que ce drapeau
reparaîtrait vingt ans plus tard, arboré par une ef-
froyable insurrection qui, pendant deux mois, fut
maîtresse de Paris !

Il est un fait curieux à signaler : les membres du
Gouvernement provisoire déclarèrent adopter les
trois couleurs disposées comme elles l'étaient pendant la République, bleu, rouge, blanc. Or ce drapeau n'a été celui d'aucun gouvernement en France.
L'erreur fut réparée quelques jours après.

Après le coup d'Etat du 2 décembre 1851, le drapeau fut surmonté d'une aigle, souvenir du premier
Empire, comme sous la monarchie de juillet, il
avait été surmonté du coq gaulois, souvenir de la
République française. Ce drapeau a guidé nos soldats sur les champs de bataille de Crimée, d'Italie,
de Chine et du Mexique.....

Aujourd'hui, le drapeau national est encore bleu,
blanc et rouge, mais sans que la forme, les di-
mensions ou les ornements soient déterminés. « En
» attendant qu'une décision ait été prise relati-
» vement aux nouveaux drapeaux à distribuer à
» l'armée, prescrit une circulaire du ministre de la
» guerre en date du 5 juillet 1871, les corps se pro-
» cureront provisoirement des drapeaux de gran-

» deur moyenne, qui ne porteront aucune inscrip-
» tion et dont la hampe sera surmontée d'un fer
» de lance doré..... »

Ici se termine cette étude, trop courte si l'on mesure l'importance du sujet, trop longue si l'on con-
sulte la patience du lecteur. Les résultats que nous
avons indiqués demanderaient à être développés,
car, bien souvent, notre affirmation nette a tranché
des questions sur lesquelles la discussion n'est pas
close. Mais on comprendra que l'œuvre de la vulga-
risation ne saurait entrer dans les détails et qu'elle
doit se borner à tracer les traits caractéristiques,
saisissables pour tous.

Maintenant, nous sera-t-il permis d'ajouter quelques considérations ?

Dans ce drapeau tricolore, qui depuis quatre-
vingts ans est vraiment le drapeau de la nation,
chaque couleur a son histoire. Or, le passé ne se
refait point : on ne saurait détacher une page de
nos annales, non plus qu'isoler une couleur de
notre drapeau.

D'ailleurs, le bleu, c'est la France naissante : il
rappelle un âge de foi, et ne sommes-nous pas
payés pour savoir que ce sont les fortes convictions
qui font les peuples forts ?

Le rouge, c'est la France adolescente : il rappelle
un âge de dévouement, et quand le présent est si
sombre, l'avenir si voilé, n'est-ce pas le devoir de
chacun de se sacrifier pour chacun, de tous pour
tous?

Le blanc, c'est la France dans sa croissance : il

rappelle un âge puissant, et pourquoi ne nous souviendrions-nous point que la grandeur de la France est en partie l'œuvre de ses soldats ?

Enfin, le drapeau tricolore, c'est la France parvenue à l'âge viril : l'assemblage de ces trois couleurs a soudé le présent au passé et résume treize siècles de notre histoire.

Alors qu'il déployait une couleur unique, le drapeau national n'était confié qu'à une classe de la population sur laquelle rejaillissait aussi toute la gloire. De nos jours le soin de le défendre, est remis à tous, et pour qu'il nous conduise à la victoire, il suffit qu'il devienne le drapeau de la *Concorde*. Au quinzième siècle, la plus grande partie du territoire était occupée par les Anglais. Par quel prodige fut chassé l'étranger ? Sans doute par la force mystérieuse et divine du bras de Jeanne d'Arc, mais aussi par l'union subitement accomplie de toutes les factions qui se déchiraient sur un sol en deuil. « Les » qualifications d'Orléanistes et de Bourguignons, » dit un historien, cessèrent d'être en usage dès » que Jeanne parut : il n'y eut plus que le parti des » Français. »

Ayons aujourd'hui la même intelligence des besoins publics, la même abnégation en face d'un grand intérêt national. Soyons-en bien convaincus, nos dissensions font le jeu de l'ennemi commun. Il faut laisser derrière nous, sur la route parcourue, les passions, les préférences, les récriminations et ne songer plus qu'au salut du pays,

Catholiques, Protestants, Israélites, et vous Li-

bres Penseurs, n'ayez qu'une religion, la religion de
la Patrie ;

Monarchistes, Républicains, Impérialistes et vous
Fédéralistes, n'ayez qu'une opinion, l'opinion de la
Patrie ;

Généraux, officiers, soldats et vous champions
d'un parti, n'ayez qu'une ambition, l'ambition de la
Patrie.

Tous, unissons-nous, serrons-nous les uns les
autres, rallions-nous au drapeau tricolore, qui par-
viendra à former un parti unique, un parti national, le parti de la France. Aujourd'hui, comme au
quinzième siècle, l'existence de la Patrie en dépend.
Accourez, entendez-vous... l'heure sonne...

Puisse ce vœu patriotique être exaucé et l'on
verra notre France reprendre sa haute mission dans
le concert des peuples, « grande prêtresse de la civilisation. »

FIN.

PUBLICATIONS

DE LA RÉUNION DES OFFICIERS

EN VENTE

A LA LIBRAIRIE MILITAIRE DE CH. TANERA.

MÉLANGES MILITAIRES.

Nos 1. L'Armée anglaise en 1871, au point de vue de l'offensive et de la défensive. 25 c.

2. Organisation de l'armée suédoise. 25 c.

3 et 4. Mode d'attaque de l'infanterie prussienne dans la campagne 1870-71, par le duc Guillaume de Wurtemberg, traduit de l'allemand par M. Conchard-Vermeil. 50 c.

5. De la dynamite et de ses applications pendant le siége de Paris. 25 c.

6. Quelques idées sur le recrutement, par G. B. 25 c.

7. Étude sur les reconnaissances, par le commandant Pierron. 25 c.

8, 9 et 10. Étude théorique sur l'organisation d'un corps d'éclaireurs à cheval, par H. de la F. 75 c.

11, 12, 13. Étude sur la défense de l'Allemagne occidentale, et en particulier de l'Alsace-Lorraine. Traduit de l'allemand. 75 c.

14. L'Armée danoise. Organisation. Recrutement. Instruction. Effectif. 25 c.

15, 16, 17. Les Places fortes du N. E. de la France, et Essai de défense de la nouvelle frontière. 75 c.

18, 19. De la détermination du calibre dans les armes portatives, par J. L., capitaine d'artillerie. 50 c.

20. Des bibliothèques militaires, de l'établissement d'un catalogue et de la tenue des principaux registres. 25 c.

21, 22, 23, 24. L'Artillerie au siége de Strasbourg en 1870. Notes recueillies par un officier de l'artillerie suisse. Traduit de l'allemand par P. Larzillière. 1 fr.

25, 26. L'ARTILLERIE DE CAMPAGNE des grandes puissances européennes et les Canons rayés. Traduit de l'allemand par M. Meert, capitaine d'artillerie. 50 c.

27. DES CANONS ET FUSILS A VAPEUR, par J. L. capitaine d'artillerie. 25 c.

28, 29. LA CAVALERIE DE RÉSERVE sur le champ de bataille, d'après l'italien, par Foucrière, sous-lieut. au 81° rég. de ligne. 50 c.

30. DE LA RÉPARTITION DE L'ARMÉE SUR LE TERRITOIRE. 25 c.

31, 32. LE TÉLÉMÈTRE NOLAN, appareil destiné à mesurer les distances, avec planche. 50 c.

33. LA BATAILLE DE SPICHEREN envisagée au point de vue stratégique. Traduit de l'allemand par Weil. 25 c.

34. DE L'ÉQUITATION DANS LES RÉGIMENTS DE CAVALERIE EN PRUSSE, par H. de la F. 25 c.

35. L'ARMÉE PRUSSIENNE EN ALSACE PENDANT L'HIVER DERNIER, notes recueillies par C. Sandherr, lieutenant de chasseurs à pied. 25 c.

36, 37. DE LA JUSTESSE DU TIR DES BOUCHES A FEU ET DES ARMES PORTATIVES, par M. J. Lefèvre, capitaine d'artillerie. 50 c.

38. DES MÉTAUX EMPLOYÉS DANS LA FABRICATION DES CANONS ANGLAIS, par J. L., capitaine d'artillerie. 25 c.

39, 40. INSTRUCTION THÉORIQUE ET PRATIQUE DE L'INFANTERIE, par E. Uffler, capitaine au 93ᵉ régiment de ligne. 50 c.

41, 42. L'EXPLOITATION DES CHEMINS DE FER FRANÇAIS PAR LES ARMÉES ALLEMANDES, d'après les documents officiels allemands, par M. Martner, capitaine d'état-major, avec carte. 50 c.

43, 44. IDÉES SUR L'ATTAQUE DES PLACES FORTES. Conférence faite à Berlin par le général-major prince de Hohenlohe-Ingelfingen, d'après l'allemand, par A. Klipffel, capitaine du génie. 50 c.

45, 46. DE L'INSTRUCTION PRATIQUE DE LA COMPAGNIE D'INFANTERIE. 50 c.

47, 48, 49, 50. CONSIDÉRATIONS SUR LA GUERRE DES PLACES FORTES, 1870-1871. Traduit de l'allemand par Couturier, lieutenant au 85ᵉ régiment. 1 fr.

51, 52. ÉTUDES SUR LES PEINES DISCIPLINAIRES EN CAMPAGNE, par G. D., officier d'état-major. 50 c.

53, 54. HISTORIQUE DES REMONTES DEPUIS LES ROMAINS, suivi d'un projet d'organisation d'une landwehr hippique, par L. L., sous-intendant militaire. 50 c.

55. Le Télémètre de campagne du colonel russe Stubendohf, avec planche. 25 c.

56, 57, 58. Études sur le service des étapes, d'après les renseignements personnels recueillis pendant la guerre de 1870-71 par un officier de l'inspection générale bavaroise des étapes. Traduit de l'allemand par Couturier, lieutenant au 55e régiment. 75 c.

59, 60. Aperçu de Géographie militaire sur le littoral de la Confédération de l'Allemagne du Nord, et étude des mesures de défenses prises par les Allemands pendant la guerre de 1870-71 contre un débarquement de troupes françaises, par Dubois, capitaine du génie. 50 c.

61, 62. Etude et enseignement de la statistique militaire, par Chanoine, chef d'escadron d'état-major. 50 c.

63. Comparaison entre le canon de campagne et la mitrailleuse, par E. Klutschack. Traduit de l'allemand par de La Roque, capitaine d'artillerie. 25 c.

64, 65, 66. Mémoire sur les fusils se chargeant par la culasse employés dans les armées de Prusse, de France et d'Angleterre, par le capitaine Mervin Drake, instructeur de tir. Traduit de l'anglais par M. de Pina, capitaine de frégate. 75 c.

67, 68, 69, Mémoire sur la nécessité de créer des écoles de sous-officiers, par M. Lalobbe, colonel d'état-major. 75 c.

70. De l'armement de l'artillerie de campagne. Traduit de l'allemand par d'Astier de la Vigerie, cap. d'artillerie. 25 c.

71, 72, 73. Les manoeuvres de la garde prussienne en 1872, par M. Weil. 75 c.

74. Simplifications et modifications au titre VI du règlement sur les manoeuvres de l'infanterie, par M. d'Ussel, capitaine au 27e bataillon de chasseurs. 25 c.

75, 76. Notes sur l'emploi du temps des troupes prussiennes, suivi de quelques considérations générales sur l'armée française, par M. Dally, capitaine au 102e de ligne. 50 c.

77, 78, 79. Mémoire sur l'organisation des bureaux des états-majors et des secrétaires des états-majors, par Warnet, lieutenant-colonel d'état-major. 75 c.

80. Des modifications a introduire dans le règlement sur les manoeuvres d'infanterie, par M. Herbinger, capitaine au 101e régiment. 25 c.

81, 82. Loi du mouvement d'un projectile dans l'intérieur du canon, par J. Lefèvre, capitaine d'artillerie. 50 c.

Paris. — Imprimerie de E. Donnaud, rue Cassette, 9.

Publication de l'**UNION RÉPUBLICAINE** de la Somme.

N° 3.

LES INSTITUTIONS

RÉPUBLICAINES

PAR

JULES BARNI

Ancien Inspecteur général de l'Instruction publique.

(Extrait du **MANUEL RÉPUBLICAIN**).

DEUXIÈME ÉDITION

EN VENTE

CHEZ LES PRINCIPAUX LIBRAIRES
DU DÉPARTEMENT

1872

lonté sur les choses qui l'intéressent tout entière.

A la vérité, comme la loi qui doit régler les intérêts publics ne peut être délibérée par tous les citoyens réunis, et qu'ils ne peuvent en diriger ou en assurer tous ensemble l'exécution, ils sont bien forcés de confier ce soin à certains d'entre eux; mais ceux-ci ne sont que leurs mandataires, et le mandat dont ils sont investis est nécessairement borné, temporaire, révocable. C'est donc toujours en définitive la volonté du peuple qui s'exerce par le moyen de ces législateurs ou de ces fonctionnaires, qui tiennent de lui leur pouvoir, et n'agissent que comme ses délégués.

Ainsi le peuple demeure ce qu'il doit être dans le gouvernement républicain : son propre maître. Il garde tout entière la souveraineté qui lui appartient, et dont il ne pourrait se dépouiller qu'en se suicidant. Il peut bien en déléguer les fonctions dans certaines conditions déterminées, mais il ne l'abdique pas pour cela. Il est et reste le souverain.

*
* *

Le suffrage universel, qui dérive nécessairement du principe de la souveraineté du peuple, substituée à celle d'un monarque ou d'une aristocratie, n'exprime sans doute, dans la pratique ordinaire, que la volonté de la majorité des citoyens, car il est bien rare que tous s'accordent à rendre un seul et même vote. Mais cette volonté n'en est pas moins souveraine, puisqu'il n'y aurait pas de société politique possible si la minorité ne se soumettait pas aux décisions de la majorité. Sous peine de voir la république se fractionner en autant de parties qu'il y aurait de volontés divergentes, et s'abîmer ainsi dans l'anarchie, il faut bien admettre la loi des majorités. C'est dans cette loi que se résout forcément le principe de la souveraineté populaire, et c'est par conséquent cette loi qui est en définitive la base du gouvernement républicain.

S'ensuit-il que la majorité ait le droit de tout faire? Non, elle n'a pas le droit d'opprimer la minorité, ni même un seul citoyen. La majorité du peuple athénien avait beau condamner Socrate à boire la ciguë, cette condamnation n'en était pas moins un crime. La souveraineté du peuple ne signifie pas que le peuple ou la majorité du peuple puisse se permettre tout ce qui lui plaît. Ce serait alors le despotisme du nombre; et le despotisme, ou le règne du bon plaisir, qu'il soit exercé par un César ou par une multitude, est toujours un attentat aux droits des citoyens. Le respect de ces droits, qui doit être la règle du gouvernement républicain, limite donc la souveraineté populaire, à moins qu'on ne veuille prétendre que cette souveraineté est elle-même affranchie de toute loi. Au-dessus d'elle sont les lois éternelles de la justice, qui seules sont souveraines, dans le sens absolu de ce mot; quand elle les viole, elle cesse d'être légitime et respectable.

Il résulte aussi de là que le suffrage universel ne peut avoir la vertu d'amnistier un crime public, comme, par exemple, le coup d'État du Deux-Décembre. Il peut sans doute, dans la limite marquée par la justice, défaire ce qu'il a fait ; mais il ne saurait changer le mal en bien, et faire que la violence devienne le droit.

Quelle que soit d'ailleurs l'origine du despotisme monarchique, et de quelque nom qu'il s'appelle, roi ou empereur, le suffrage universel ne peut le sanctionner; car tout pouvoir absolu est une usurpation sur les droits des citoyens, et le peuple, en le consacrant, s'abdique lui-même, ce qui est contradictoire.

En résumé, institué pour représenter les droits de tous et assurer une juste administration de la chose publique, le suffrage universel manque à sa mission et se tourne contre lui-même, quand il devient un instrument de despotisme.

II

L'INSTRUCTION PUBLIQUE.

Le suffrage universel appelle l'instruction universelle.

Sans l'instruction, qui éclaire les citoyens sur leurs droits, leurs devoirs et leurs véri-

tables intérêts, les votes sont nécessairement aveugles, et c'est alors que le suffrage universel, au lieu d'être l'expression
des volontés d'un peuple libre, devient un
instrument de despotisme. Que peut-on
attendre, en effet, d'hommes qui ne sa-
vent pas même lire le bulletin de vote
qu'ils sont appelés à déposer dans l'urne, ou
qui, sachant peut-être quelque peu lire et
écrire, sont incapables, faute d'une instruction suffisante, de se rendre compte
du sens et de la portée de leurs suffrages ?
Ils se laissent abuser par ceux qui ont
intérêt à les tromper, et, donnant à l'usurpation la forme de la légalité, ils consom-
ment de leur propre main leur servitude
et leur ruine. L'ignorance des masses a
toujours été pour le despotisme un moyen
de règne; elle serait, dans un gouvernement républicain, un contre-sens et une
cause infaillible de mort.

Il suit de là que, dans tout gouvernement qui s'appelle et veut rester républicain, l'instruction du peuple doit être éle-
vée à la hauteur d'une institution publique.
Il faut que la société veille à ce que tous les
enfants, les plus pauvres aussi bien que les
plus riches, reçoivent ce degré d'instruction qui seul peut en faire un jour de libres citoyens; et pour cela il faut qu'elle
institue elle-même, pour suppléer au manque ou à l'insuffisance des écoles privées,
des écoles publiques où ils soient admis
gratuitement. Nulle création, nulle dépense

n'est plus nécessaire et plus fructueuse. Instruire le peuple, c'est l'arracher à l'empire des appétits brutaux, d'où naît le vice, qui le dégrade, et le crime, qui peuple les prisons; c'est l'élever à la vie morale; c'est le rendre digne de la république. Aussi voyons-nous les pays républicains, comme la Suisse, consacrer à cette dépense la portion de leur budget que d'autres appliquent à l'entretien d'une cour et d'une armée.

L'instruction indispensable à tout homme, à tout citoyen, *l'instruction primaire* doit être *gratuite*, afin qu'aucun enfant ne soit privé, par le fait de la pauvreté de ses parents, de cette nourriture spirituelle non moins nécessaire que le pain du corps.

Elle doit être aussi rendue *obligatoire*.

*

* *

Qu'on ne dise pas que décréter l'obligation de l'instruction primaire, c'est porter atteinte à la liberté du père de famille. L'objection ne serait fondée que si les parents étaient forcés d'envoyer leurs enfants aux écoles publiques; mais, dès qu'ils sont libres de choisir entre ces écoles et tout autre enseignement, elle n'a plus de valeur. La liberté du père de famille ne saurait aller jusqu'à laisser son enfant croupir dans l'ignorance, quand il est en son pouvoir de lui procurer l'instruction nécessaire. Il n'a pas plus ce droit qu'il n'a celui de le laisser mourir de faim; et la société ne fait que représenter et protéger le droit de l'enfant, quand elle le contraint à lui donner, outre la nourriture matérielle, l'instruction indispensable, qu'elle met, d'ailleurs, gratuitement à sa disposition.

Quant aux objections qui se tirent, soit de l'impossibilité de trouver une sanction efficace à la loi qui prescrirait cette obligation, soit des obstacles que rencontrerait l'exécution de cette loi, elles sont résolues par le fait. La loi est en vigueur dans certains pays, en Suisse, par exemple (nous nous plaisons à invoquer les exemples de cette terre républicaine), et elle y est parfaitement observée.

III

LA COMMUNE.

Disséminé sur un territoire plus ou moins étendu, un peuple se divise en un certain nombre de groupes dispersés, dont les membres forment entre eux ce premier noyau de société publique qu'on nomme une *commune*. La commune est le point de départ de cette vaste association qui constitue une nation, et dont l'*État* représente l'unité politique. Elle est comme l'alvéole de l'État. On pourrait dire aussi avec justesse que la commune est l'image abrégée de l'État, ou que l'État est l'image agrandie de la commune.

Il est aisé de déduire de là l'étendue à la fois et la limite de ses droits.

Réunion de familles établies dans le même lieu, et ayant par là même un certain nombre d'intérêts communs, d'où elle tire son nom, la commune doit avoir le droit d'administrer elle-même ses affaires et de nommer ses magistrats. Les gouvernements despotiques, dont le principe est de tout absorber, ne peuvent souffrir cette indépendance, qui serait une limite à leur pouvoir absolu; dans le gouvernement républicain, au contraire, dont la liberté est le principe fondamental, les libertés municipales forment la base même des libertés publiques. Chaque commune se gouverne elle-même; elle est comme une petite république dans la grande.

Mais, si elle doit jouir d'une complète indépendance dans le cercle des intérêts locaux qui la concernent spécialement, là aussi doit s'arrêter son pouvoir. Faisant elle-même partie intégrante d'un ensemble dont, tout en gardant sa vie propre et son autonomie, elle n'est pourtant qu'une fraction, elle rentre, pour tout ce qui regarde les intérêts généraux de l'association à laquelle elle appartient, dans la masse du peuple entier, et elle est soumise, à ce titre, aux lois et aux pouvoirs publics qu'il s'impose à lui-même. Autrement, il y aurait autant d'États indépendants qu'il y aurait de communes distinctes; l'unité disparaîtrait tout entière dans la diversité, et la

force qui naît de la cohésion se perdrait
dans l'éparpillement.

C'est, en somme, dans l'harmonie de ces
deux forces, la commune et l'État, que résident la liberté et la prospérité d'un peuple. C'est là surtout ce que doit rechercher
un gouvernement républicain. Au lieu d'étouffer, à l'exemple du despotisme monarchique, les libertés municipales sous le réseau d'une administration centrale qui pèse
sur tous les points du pays, il doit les respecter et en favoriser le développement.
Mais en même temps il ne saurait souffrir
que, sous prétexte d'indépendance communale, les droits des citoyens et l'intérêt public soient mis en péril. A cette double condition, la commune sera ce qu'elle doit
être, et elle ne sera que ce qu'elle doit être :
un groupe libre dans une libre société.

IV

L'ÉTAT. — LES TROIS POUVOIRS. — LA SÉPARATION DES POUVOIRS.

L'État est l'ensemble des pouvoirs publics chargés de régler et d'administrer les
choses qui intéressent le pays tout entier. Il
enveloppe, par conséquent, la commune et
toutes les circonscriptions locales entre lesquelles le peuple est réparti. Il représente
l'unité de la nation dont elles expriment
la diversité.

L'État a trois grandes attributions, d'où

résultent les trois pouvoirs dont il se compose essentiellement.

La première est de faire les *lois*, qui ont pour but de substituer, dans la société, la règle à l'arbitraire et l'empire du droit à celui de la force, en statuant, au nom du peuple entier, sur les objets d'intérêt public, soit que ces objets soient généraux et permanents, soit qu'ils se rapportent à quelque circonstance spéciale et passagère, auquel cas elles s'appellent plus particulièrement des *décrets*. De là un premier pouvoir, le *pouvoir législatif*, dont la mission est de régler les conditions juridiques de la société civile ou politique.

Mais il ne suffit pas d'édicter des lois, il faut les exécuter, c'est-à-dire les appliquer en réalité aux objets qu'elles concernent. De là un second pouvoir, sans lequel l'œuvre du premier ne serait qu'une lettre morte, le *pouvoir exécutif*.

Enfin, comme il ne peut manquer de s'élever, sous le régime même des lois et souvent au sujet de leur interprétation, des différends entre les particuliers, et comme, d'un autre côté, la violation des lois ne peut rester impunie, un troisième pouvoir est nécessaire, le *pouvoir judiciaire*, qui a pour mission de juger, selon les lois, soit ces différends, soit ces infractions, qu'on nomme *crimes* ou *délits*, suivant leur gravité.

Pouvoir législatif, pouvoir exécutif, pouvoir judiciaire, tels sont donc les trois pouvoirs constitutifs de l'État. Ils sont tous les trois essentiels, puisque sans l'un ou l'autre de ces pouvoirs la société civile n'existerait pas ou serait arrêtée dans son cours.

*
* *

Lorsque les trois pouvoirs constitutifs de l'État sont concentrés directement ou indirectement dans les mains d'un seul homme, chef héréditaire ou élu, peu importe, on a le despotisme monarchique, le césarisme, c'est-à-dire le fléau le plus honteux à la fois et le plus désastreux qui puisse se déchaîner sur un peuple.

Lorsque ces trois pouvoirs sont réunis dans une seule et même assemblée, cette assemblée a beau être nommée par le peuple, on a encore le despotisme : tout ce qu'elle veut faire, elle le peut faire aussitôt, ayant à la fois la puissance législative pour traduire en décret ce qu'il lui plaît d'ordonner, la puissance exécutive pour le convertir immédiatement en acte, et la puissance judiciaire pour frapper sans délai et sans obstacle ceux qui résistent à sa volonté. Dictature d'une assemblée ou d'un homme, le despotisme est toujours le contraire de la liberté.

Comme l'a dit justement Montesquieu, il faut que le pouvoir arrête le pouvoir, parce que tout homme qui a du pouvoir est porté à en abuser. Fondée sur l'observation de la nature humaine, qui est partout et toujours la même, cette vérité ne s'applique pas moins à la république qu'à la monarchie. Dans la monarchie, elle a produit la théorie de la *balance des pouvoirs*, dont nous n'avons pas ici à nous occuper; mais, si cette théorie est propre à la monarchie constitutionnelle, le principe de la *séparation des pouvoirs* conserve sa raison d'être dans la république : cette division est toujours une garantie nécessaire de la liberté des citoyens. Aussi Jean-Jacques Rousseau ne l'a-t-il pas moins admise que Montesquieu, et figure-t-elle aussi bien dans les constitutions républicaines de la Suisse et de l'Amérique que dans les constitutions monarchiques de la Belgique et de l'Angleterre.

*
* *

C'est donc une règle fondamentale de toute libre constitution que les pouvoirs n'y soient pas concentrés dans un seul corps, parce que cette concentration serait le despotisme. La vérité de cette règle se montre surtout au sujet du pouvoir judiciaire. C'est là que la nécessité de la séparation éclate avec le plus d'évidence. Supposez que ce pouvoir soit réuni, soit à la puissance législative, soit à la puissance exécutive, soit aux deux ensemble, réunies elles-mêmes dans les mêmes mains, la fortune, l'honneur, le sort des citoyens, n'ont plus de garantie. La loi n'est plus, en effet, une garantie pour eux, quand ceux qui sont appelés à juger leurs différends ou les infractions dont ils sont accusés, sont ceux-là mêmes qui ont le pouvoir de la faire; et la puissance exécutive devient un glaive à deux tranchants, quand elle a le pouvoir de juger en même temps que celui d'exécuter. Il est donc nécessaire que le pouvoir judiciaire soit séparé des deux autres, et que son action, uniquement soumise aux lois, qu'il a la mission d'interpréter, s'exerce avec une entière indépendance.

Pour ce qui est du pouvoir législatif et du pouvoir exécutif, la séparation n'est pas d'une aussi impérieuse nécessité, et elle ne peut pas être aussi absolue. On conçoit à la rigueur une assemblée réunissant ces deux pouvoirs sans menacer pour cela la liberté des citoyens, et il faut bien qu'ils se pénètrent dans une certaine mesure pour accomplir leur œuvre commune. Ainsi la puissance exécutive doit toujours compte de ses actes à l'assemblée législative, et, en revanche, il convient qu'elle ait une certaine part dans la confection des lois qu'elle est chargée d'exécuter. Mais cette pénétration réciproque ne doit pas aller jusqu'à la confusion; il importe que les deux pouvoirs restent distincts et à certains égards indépendants. Cette distinction et cette indépendance sont, en effet, sinon une indispensable sauvegarde de la liberté des citoyens, au moins une condition nécessaire de la bonne administration des affaires publiques.

Sans doute, il faut éviter aussi de placer l'un en face de l'autre deux pouvoirs rivaux, jaloux, toujours prêts à entrer en lutte. Ce serait une source de conflits et un principe de révolutions qui ne serait pas moins funeste. Le secret de la politique est de si bien combiner les deux pouvoirs, que l'un ne soit pas entièrement absorbé par l'autre, mais qu'ils se modèrent réciproquement sans se combattre, et qu'ils travaillent de concert au bien public.

C'est ce que l'on comprendra mieux en examinant de plus près successivement le domaine de chacun d'eux.

V

LE POUVOIR LÉGISLATIF.

Le pouvoir législatif est le premier de tous les pouvoirs, puisque c'est lui qui fixe les règles que doivent appliquer les deux autres, et auxquelles sont soumis en général tous les membres de la société.

Il appartient originairement au peuple entier. La loi étant, en effet, la règle à laquelle tous les citoyens s'engagent à se conformer, elle doit procéder de leur volonté, et non, comme dans le système de la monarchie absolue, d'une autorité supérieure qui l'impose d'en haut. C'est aux membres mêmes du corps social qu'il appartient de régler d'un commun accord les conditions du pacte qui les lie. Tel est le point de départ du système républicain.

Mais comme il est impossible, pour peu que le peuple soit nombreux, que les lois soient délibérées par tous les citoyens réunis, ainsi que cela se pratiquait au forum des antiques républiques, ou que cela se pratique encore dans certains petits cantons de la Suisse, il devient nécessaire qu'ils nomment des *représentants*, chargés de discuter et de fixer en leur nom les lois que réclame l'intérêt de la société. Ils délèguent ainsi le pouvoir législatif, mais ils ne font que le déléguer conditionnellement, c'est-à-dire qu'ils restent toujours les maîtres d'accepter ou de rejeter l'œuvre de leurs représentants. Toute loi suppose en définitive l'adhésion, expresse ou tacite, de ceux qu'elle oblige. Cette maxime n'est qu'une autre forme du principe fondamental de la théorie républicaine.

S'ensuit-il que, pour être valables, toutes les lois doivent être soumises au vote populaire? Cette sanction serait sans doute plus conforme à la théorie, et il est bon de se la proposer comme un idéal à poursuivre : aussi voyons-nous les républiques les plus avancées de la Suisse y tendre de plus en plus; mais, d'une part, elle suppose un peuple extrêmement éclairé, ce qui n'est pas le cas de ceux qu'a formés la monarchie; et, d'autre part, même chez un peuple très-éclairé, elle est dans la pratique d'une exécution si difficile, elle est hérissée de tant d'obstacles qu'on ne peut faire jouer ce ressort qu'avec beaucoup de ménagements.

L'hypothèse du consentement tacite a sans

doute aussi ses dangers. Les hommes investis du pouvoir présument volontiers ce qu'ils désirent, bon ou mauvais, et ils ne sont que trop portés à confondre la volonté du peuple avec leur propre volonté ; mais ce moyen n'en est pas moins légitime et avantageux en beaucoup de cas. La question est de l'employer suivant la mesure qu'exige l'intérêt général. Là est la règle à laquelle il faut toujours en revenir.

*
* *

Précisons l'objet des lois et par conséquent la mission du pouvoir chargé de les instituer. L'étendue de son devoir et la limite de son droit en ressortiront naturellement.

Les lois ont pour objet de régler les rapports réciproques des citoyens de manière à assurer à la fois le respect de leurs droits individuels et le bien de la société tout entière.

Leur domaine est d'abord celui du droit naturel, dont elles sont destinées à traduire et à faire respecter les inviolables prescriptions. Il s'étend ensuite à tout ce qu'exige, sans porter atteinte à ce droit primordial, l'intérêt général du peuple dont elles consacrent l'union.

Le premier devoir du législateur est donc de faire de ses lois le rempart de la liberté des citoyens, puisque la liberté est le premier de tous les droits, celui d'où tous les autres dérivent. Liberté de la pensée, liberté de la parole, liberté du travail, etc., toutes ces libertés, ou, pour mieux dire, toutes ces applications de la liberté, qui est le fond même de l'homme et qui fait sa dignité, sont autant de droits imprescriptibles devant lesquels toute autorité législative doit s'incliner, et qu'elle a la mission de garantir. Il faut que les lois qu'elle édicte, au lieu d'être, comme il n'arrive que trop souvent, des entraves à la liberté de l'individu, en protègent au contraire le légitime usage, c'est-à-dire cet usage qui fait que, conformément au principe fondamental du droit, la liberté de chacun s'accorde avec celle de tous. Ce n'est qu'à cette condition qu'elles sont elles-mêmes légitimes. Toute loi qui viole dans son principe ou qui arrête dans son libre exercice quelqu'une de ces libertés sans lesquelles l'homme n'a plus la disposition et la direction de lui-même, fût-elle sanctionnée par la majorité des citoyens, est une loi injuste et mauvaise ; et le pouvoir qui l'institue manque à sa mission, qui est avant tout d'assurer la liberté par la loi.

*
* *

Garantir les droits individuels de chacun des membres de la société en réglant d'un commun accord leurs rapports réciproques, tel est le premier objet de la législation, mais il n'est pas le seul. L'union qui constitue un peuple crée un ensemble d'intérêts communs, une solidarité sociale qui doit aussi faire l'objet de la loi. Tout ce que commande la prospérité de la nation ou le bien public rentre à ce titre dans la sphère de la législation.

Mais une règle dont le pouvoir législatif ne saurait se trop bien pénétrer, c'est que la loi, en s'appliquant aux intérêts généraux de la société, doit se renfermer dans le cercle de ce que ces intérêts exigent d'elle absolument, et abandonner aux particuliers, aux communes, à toutes les circonscriptions locales, toute l'initiative et toute la latitude compatibles avec le bien public, lequel n'aura lui-même qu'à y gagner. Cette règle s'impose surtout à toute législation qui veut être vraiment républicaine. Une excessive réglementation par le pouvoir central n'est pas moins nuisible à l'intérêt général de la société que l'absence de toute loi favorable à cet intérêt. Laissez chaque membre et chaque groupe de la société agir et se développer avec la plus large indépendance; c'est le meilleur moyen d'assurer la prospérité générale.

VI

LE POUVOIR EXÉCUTIF.

Il ne suffit pas de faire des lois; il faut qu'elles soient *exécutées*, sans quoi les résolutions de la volonté générale resteraient sans effet. De là la nécessité d'un second pouvoir, chargé d'assurer cette exécution, et que l'on nomme pour cette raison le *pouvoir exécutif*.

C'est aussi ce pouvoir qu'on désigne proprement sous le nom de *gouvernement*, en prenant ce mot dans son sens le plus restreint. C'est lui, en effet, qui gouverne, puisque c'est lui qui dirige et administre les affaires publiques, soit par lui-même, soit par les fonctionnaires qu'il institue à cet effet. A la vérité, comme il ne gouverne, dans un État républicain, que conformément aux lois et aux décrets rendus par le pouvoir législatif, il faut reconnaître qu'en somme le gouvernement de la société, dans la plus large acception du mot, appartient aux deux pouvoirs réunis ; mais il n'en est pas moins juste et il est plus conforme à l'usage aujourd'hui consacré, de réserver ce mot pour désigner plus particulièrement le pouvoir qui préside à l'exécution des lois et gouverne en conséquence.

Il résulte de ce que nous venons de rappeler que le pouvoir exécutif, ou le gouvernement, doit être subordonné au pouvoir législatif, ou à l'assemblée des représentants chargés de formuler les lois suivant lesquelles le peuple veut être gouverné. Cette subordination dérive nécessairement de la nature même des deux pouvoirs, dont l'un exprime sous forme de loi ce que l'autre traduit en action.

Cependant, comme nous avons déjà eu

l'occasion de le dire, en exposant le principe de la séparation des pouvoirs, cette subordination ne doit pas aller jusqu'à l'absolue absorption du pouvoir exécutif par le pouvoir législatif. Nous avons signalé les inconvénients et les périls qu'engendrerait cette confusion. Il faut donc que le pouvoir exécutif ait une existence distincte, quoique subordonnée, et que, dans la limite des lois qu'il est chargé d'exécuter et sous le contrôle du pouvoir législatif, qui a toujours le droit de lui demander compte de ses actes, c'est-à-dire de la manière dont il exécute les lois, son action s'exerce librement. Cette indépendance est d'ailleurs une condition nécessaire de la grande mission dont il est chargé et de la responsabilité qu'elle entraîne. Pour accomplir convenablement cette mission et porter dignement cette responsabilité, il faut qu'il soit autre chose qu'un pur instrument entre les mains d'une assemblée.

D'un autre côté, tout en ayant son existence et son action propres, il faut, — et ceci est une conséquence de la responsabilité qui pèse sur lui, — qu'il participe dans une certaine mesure aux lois qu'il a mission d'exécuter. C'est ainsi qu'il doit avoir la faculté de présenter les lois qui lui paraissent utiles, de s'opposer à celles qui seraient contraires à la constitution, de donner et de soutenir son avis sur toutes, etc. Cette participation du pouvoir exécutif à l'œuvre du pouvoir législatif est aussi une condition du parfait accomplissement de la tâche spéciale qui lui est dévolue.

Ainsi le pouvoir exécutif, quoique subordonné au pouvoir législatif, reste lui-même, et il combine son action avec celle de ce pouvoir, sans se confondre avec lui.

VII

LE POUVOIR JUDICIAIRE.

Les lois règlent d'une manière générale les rapports civils des membres de la société; mais les intérêts divergents et les prétentions opposées des particuliers soulèvent inévitablement, au sujet de leur application, des conflits qui appellent l'intervention de magistrats chargés de les interpréter et de prononcer entre les parties. D'un autre côté, les lois, même les plus sacrées, comme celles qui commandent le respect de la vie et de la propriété, ne sont pas obéies de tous, par cela seul qu'elles sont écrites dans le code, en même temps que gravées dans la conscience, et qu'elles édictent des peines contre ceux qui les violeraient; des infractions à ces lois, des délits ou des crimes se commettent dans la société, qui exigent aussi l'intervention de cours et de tribunaux institués pour en poursuivre les auteurs et procéder à leur jugement.

De là naît la nécessité d'un troisième pouvoir de l'Etat, dont la mission est de *juger*, soit les différends qui peuvent s'élever, dans l'application des lois, entre des particuliers, soit les infractions qui peuvent y être faites ; et c'est ce que l'on nomme, pour cette raison, le *pouvoir judiciaire*.

Comme ce pouvoir est appelé à prononcer sur la propriété, l'honneur, la liberté des citoyens, même dans certains cas sur leur vie (si l'on admet la peine de mort, question que nous réservons), il est nécessaire qu'il soit absolument indépendant, pour être absolument impartial ; et c'est pourquoi il doit être, comme nous l'avons dit, entièrement séparé des deux autres, séparé du pouvoir législatif, qui, faisant la loi, doit laisser à d'autres le soin de l'appliquer, et séparé du pouvoir exécutif, ou du gouvernement, qui, en tenant la justice dans sa main, lui enlèverait l'indépendance dont elle a besoin.

*
* *

Les questions que le pouvoir judiciaire est appelé à résoudre sont de telle nature dans certains cas, — quand, par exemple, il s'agit de décider de la culpabilité d'un accusé, c'est-à-dire de l'honneur, de la liberté ou de la vie d'un citoyen, — que la société ne saurait abandonner à des fonctionnaires spéciaux, à des juges attitrés, quelque indépendants qu'on les suppose, le droit de les trancher. D'une part, par cela seul que les juges sont des fonctionnaires de l'Etat, ces fonctionnaires fussent-ils nommés par l'élection, leur indépendance n'est jamais absolue, ou au moins elle reste toujours suspecte : ils sont ou paraissent toujours sous la domination du pouvoir ou de ceux de qui ils tiennent leur place et espèrent leur avancement. D'autre part, l'habitude de juger des accusés, le plus souvent coupables, dispose naturellement les juges à ne plus voir que des coupables dans tous les accusés. Enfin, il répugne que la fonction de juger ses semblables puisse devenir une sorte de métier; elle ne doit être qu'une mission passagère de citoyens désignés pour remplir cette pénible tâche, et rentrant, après l'avoir accomplie, dans les rangs de leurs concitoyens. Ces diverses considérations expliquent la raison de cette institution tutélaire qu'on appelle le *jury*, qui est en usage chez tous les peuples libres et que toute république doit, non-seulement conserver, mais étendre.

Le jury, en effet, c'est le peuple intervenant lui-même directement dans les jugements d'où dépendent l'honneur, la liberté ou la vie des siens. Formé de quelques citoyens tirés au sort entre tous, — entre ceux du moins qui remplissent certaines conditions de capacité fixées par la loi, — et se renouvelant à chaque session convoquée pour juger une affaire ou un petit nombre d'affaires déterminées, il prononce, au nom du peuple dont il est le délégué, sur la culpabilité des accusés soumis à son verdict ; le juge n'a ici d'autre rôle que de diriger les débats et d'appliquer la loi en conséquence du verdict rendu par le jury. Ainsi les accusés sont jugés, non par des fonctionnaires, mais par de libres citoyens, pris au hasard, venus au tribunal sans attache officielle, sans habitude de métier, sans aucun autre intérêt que celui de la chose publique, et prononçant leur jugement dans toute la liberté de leur conscience. Le jury, que Napoléon Ier a voulu représenter comme une institution féodale, est une des plus précieuses garanties que l'État puisse laisser aux citoyens.

La nécessité de l'intervention du jury dans les causes *criminelles* n'est plus aujourd'hui contestée par personne ; mais cette institution ne devrait-elle pas être appliquée aussi en matière de *police correctionnelle?* Sans doute, puisque là aussi il s'agit de l'honneur et de la liberté ces citoyens. On objecte la multiplicité des affaires, le grand nombre de jurés qu'elle exigerait, et le dérangement qui en résulterait pour les particuliers; mais ces difficultés pratiques ne sont pas insurmontables, et elles s'effacent devant la grandeur des intérêts en jeu.

Ne conviendrait-il même pas de l'étendre aux affaires *civiles?* On l'applique déjà avec succès au règlement des indemnités dans les questions d'expropriation pour cause d'utilité publique; pourquoi ne l'appliquerait-on pas également, au moins d'une manière facultative, à ces procès où les biens, le sort et l'honneur même des familles sont en question?

* * *

Il est un ordre de juges dont le despotisme napoléonien a indignement dénaturé le noble et bienfaisant caractère, mais qui, rendu à sa vraie mission et à sa vraie origine, forme la magistrature républicaine par excellence; nous voulons parler de cette classe de magistrats qu'on a si admirablement nommés des *juges de paix*.

« Représentez-vous un magistrat qui ne pense, qui n'existe que pour ses concitoyens. Les mineurs, les absents, les interdits font l'objet de ses sollicitudes. C'est un père au milieu de ses enfants. Il dit un mot, et les injustices se réparent, les divisions s'éteignent, les plaintes cessent. Ses soins constants assurent le bonheur de tous. Voilà le juge de paix. »

Ainsi le définit le rapporteur de la loi de 1790, Thouret.

Le rôle du juge de paix est, en effet, comme son titre l'indique si bien, de ramener la concorde entre les particuliers en réglant leurs différends au moyen d'un arrangement à l'amiable qui prévient et éteint les procès. Il va au devant de la Justice et s'applique à rendre son action inutile : éclairées par lui sur leurs véritables intérêts, les parties comprennent qu'un arrangement, ne les satisfît-il pas complétement, vaut mieux qu'un procès dont la marche est nécessairement lente, l'issue toujours douteuse, les conséquences peut-être désastreuses, et elles renoncent à recourir à la voie des tribunaux. Le juge de paix est le *juge de la conciliation*.

C'est surtout dans les campagnes, où les inconvéniénts des contestations en justice sont encore aggravées par l'éloignement des tribunaux et où le démon de la chicane exerce pourtant aussi ses tentations, que se font sentir les bienfaits de l'intervention conciliatrice des juges de paix. Mais, si leur rôle est plus effacé dans les villes, où l'on a en quelque sorte les tribunaux sous la main, la justice de paix n'en offre pas moins à tous les citoyens un moyen expéditif, commode et salutaire, de terminer leurs différends, et y ils recourront de plus en plus à mesure qu'ils contracteront davantage les mœurs républicaines.

La mission des juges de paix ne consiste pas seulement, d'ailleurs, à concilier, mais ils sont aussi revêtus d'une véritable juridiction pour tous les procès civils de minime importance et pour toutes ces infractions à la loi pénale qu'on appelle des *contraventions*. Cette juridiction est si utile qu'il faut bien plutôt l'étendre que la restreindre.

Mais, pour que cette magistrature soit vraiment républicaine, deux choses sont nécessaires. La première, c'est qu'elle se renferme strictement dans la mission de conciliation et de justice civile qui lui est propre, et qu'elle ne devienne pas, comme elle l'était sous l'Empire, un instrument de domination et de corruption entre les mains du gouvernement. La seconde, qui est elle-même la condition de l'indépendance des juges de paix en face du pouvoir, c'est qu'ils soient élus par chaque canton, soit par un conseil cantonal, soit par l'ensemble des citoyens.

C'est aussi ce qu'avait décrété la loi de 1790. Ainsi, sur ce point, comme sur presque tous les autres, la France n'a qu'à reprendre les traditions de la Révolution, et à refaire ce qu'a défait le génie malfaisant de Bonaparte.

VIII

L'ARMÉE.

Dans l'état actuel de l'humanité et des rapports entre les divers peuples, la force armée n'est pas moins nécessaire aux républiques qu'aux monarchies : elle leur est nécessaire pour faire respecter et pour défendre au besoin, à l'intérieur, l'ordre, c'est-à-dire la loi, et, à l'extérieur, l'intégrité du sol ou l'indépendance nationale.

Mais il est évident que l'armée ne doit pas être dans une république ce qu'elle est dans les monarchies, surtout dans les monarchies despotiques.

Dans celles-ci, l'armée forme un corps à part, distinct du reste de la nation, animé d'un esprit qui est tout le contraire de l'esprit civique, tel en un mot que l'exige le gouvernement dont elle est le principal ou même l'unique appui. Placez-la dans les mains d'un César : elle ne sera bientôt plus qu'une garde prétorienne, et elle finira par devenir impuissante même à défendre le sol de la patrie contre l'invasion étrangère. Dans une république, au contraire, l'armée se confond avec la nation elle-même; elle n'est autre chose que le peuple sous les armes. Là, comme le demandait Diderot (1), chaque citoyen doit avoir deux habits : l'habit de son état et l'habit militaire. Une armée de citoyens, ou ce que l'on appelle une *milice nationale*, voilà l'armée des républiques. Celle-là ne tournera jamais ses armes contre les libertés publiques, et elle sera toujours un ferme boulevard contre l'ennemi du dehors.

La république appellera donc sous les drapeaux tous les citoyens indistinctement, sauf ceux qu'un autre service public ou des circonstances tout à fait exceptionnelles dispensent forcément du service militaire;

(1) Voyez mon *Histoire des idées morales et politiques en France au dix-huitième siècle*, t. II, p. 375.

elle n'en admettra aucun à se racheter de ce service : il faut que chacun, riche ou pauvre, paie ici de sa personne. Elle repoussera donc la conscription et le remplacement.

Mais, si elle doit rendre le service militaire obligatoire pour tous, il faut aussi qu'elle le combine de telle sorte qu'il n'entrave la carrière et l'avenir de personne. Il importe, sans doute, de faire de bons soldats, mais il n'importe pas moins de ne pas arracher trop longtemps les particuliers à leur famille, à leur état, à leur avenir. La durée du service effectif ou du casernement sera donc très-limitée, tout juste ce qu'exigent l'apprentissage des armes et les besoins de la défense ; passé ce temps, les citoyens, rendus à eux-mêmes, formeront des réserves qui pourront être astreintes à des exercices périodiques et même à certains services locaux (comme la garde des cités), mais qui ne pourront plus être appelées au dehors que dans des circonstances extraordinaires.

C'est encore une des conditions de toute armée républicaine que les grades et l'avancement, au lieu de dépendre de la faveur, ne soient accordés qu'au mérite constaté par de sérieux examens ou par des services parfaitement reconnus. Il n'y a pas de pire fléau pour une armée, comme pour la société en général, que le favoritisme. Il dégrade les caractères, décourage les hommes de cœur, prépare les désastres.

Tel est, en général, l'esprit suivant lequel le système militaire doit être constitué dans la république. Le soldat et le citoyen doivent s'y confondre sans que la discipline puisse en souffrir. Celle-ci exige sans doute une pénalité spéciale et plus sévère que partout ailleurs, mais le Code fait tout exprès pour une armée qui ne devait avoir rien de civique, ce Code barbare ne peut plus convenir à une armée de citoyens, et il doit être réformé dans le même sens que l'armée elle-même.

IX

L'IMPÔT.

Les obligations que nous avons passées en revue dans les chapitres précédents, imposent à l'Etat ou aux communes, ou aux circonscriptions intermédiaires (cantons, départements), des dépenses auxquelles *l'impôt* a pour but de subvenir.

Deux principes fondamentaux dérivent ici de l'essence même de la république : le premier, c'est que l'impôt qui, d'ailleurs, dans cette forme de gouvernement, doit nécessairement être voté par le peuple ou par ses représentants, soit exactement mesuré sur l'utilité publique ; le second, c'est que chaque citoyen y contribue en proportion de ses ressources, c'est-à-dire de sa fortune réelle.

Les monarchies, de l'ancien et du nouveau régime (la monarchie napoléonienne par exemple), ont foulé aux pieds le premier de ces principes en se servant de l'impôt, qu'elles arrachaient au peuple, pour entretenir le luxe d'une cour, pour satisfaire les caprices du souverain, distribuer des faveurs, payer de gros traitements; et elles n'ont pas moins outragé le second, soit en exemptant de l'impôt ceux qui auraient dû surtout le payer, soit au moins en le répartissant de telle sorte que le principal poids en retombât sur les plus pauvres.

Une république digne de ce nom, n'ayant d'autre règle que l'utilité publique et bornant ses dépenses au strict nécessaire, se montrera aussi économe des deniers publics que les monarchies en ont été prodigues. Elle s'appliquera à être, à l'inverse des monarchies, un gouvernement à bon marché. Elle sait que l'impôt est toujours une chose lourde aux contribuables, et elle s'efforcera, sans manquer à aucune de ses obligations, de les en charger le moins possible. Elle supprimera les dépenses superflues, les sinécures, les gros traitements, tout cet attirail des monarchies qu'exclut le système républicain.

D'un autre côté, c'est surtout sur ce point que nous avons à insister dans ce chapitre; elle se conformera rigoureusement à ce principe de justice qui veut que chaque citoyen ne contribue aux charges publiques qu'en proportion de ses moyens.

Elle écartera donc les impôts qui frappent les objets de première nécessité (sel, sucre, boissons, etc.), parce que ces impôts ont pour effet de rendre plus onéreux les moyens d'existence et qu'ils pèsent ainsi plus lourdement sur les citoyens pauvres ou peu aisés que sur les riches. Elle écartera, par la même raison, les impôts qui frappent les matières premières (coton, laine, etc.) : ces impôts, en augmentant le prix de la production, augmentent d'autant celui de la consommation, et ils ont, par conséquent, le même effet que les précédents. Ce sont, d'ailleurs, en général, des taxes tout à fait contraires aux lois économiques que celles qui frappent la production et la consommation, car elles entravent dans leur source et dans leur développement l'industrie (y compris l'agriculture) et le commerce, ces deux grandes artères du travail et de la richesse.

C'est pourquoi aussi la république recourra le moins possible aux impôts somptuaires, quoiqu'ils paraissent plus justes et plus conformes aux traditions républicaines. Il faut laisser dormir dans la poudre des anciennes républiques les lois qui ne répondent plus aux conditions de la société moderne. Celle-ci, même en devenant républicaine, fera bien de se montrer sobre à l'égard de cette sorte d'impôts.

Quel est donc l'impôt le plus conforme à la fois au grand principe que nous venons de rappeler et à l'économie sociale? C'est celui qui porte sur le *revenu*, parce que c'est le revenu qui constitue et mesure la fortune réelle du citoyen. La propriété elle-même, foncière ou mobilière, n'est rien en dehors de ce qu'elle produit ou rapporte, c'est-à-dire de son revenu. Le produit ou la rente qu'on en tire, le bénéfice que procure une industrie ou un commerce, le traitement qu'assure une place, une fonction, publique ou privée, ces revenus sont les ressources effectives des contribuables; c'est là-dessus que doit porter l'impôt, si l'on veut lui donner une assiette vraiment équitable. Que chacun contribue aux charges publiques en proportion de ses ressources, la justice sera pleinement satisfaite, et l'intérêt économique de la société aura moins à en souffrir que de tout autre impôt.

On objecte contre cet impôt l'impossibilité de l'appliquer sans tomber dans l'arbitraire ou même sans recourir à une inquisition intolérable. Cette objection est résolue par le fait, puisque l'impôt sur le revenu est en vigueur dans plusieurs pays libres, en Angleterre, en Suisse, en Amérique, etc., et que dans tous ces pays il fonctionne sans produire les inconvénients que l'on signale. Le moyen de le soustraire à la fois à l'arbitraire et à l'inquisition que l'on redoute, c'est de laisser aux contribuables le soin de déclarer eux-mêmes leurs revenus. On craint les déclarations mensongères? Frappez de peines sévères toutes celles qui seront découvertes, et le nombre n'en sera pas si grand. Il faut bien admettre d'ailleurs que dans une république, c'est-à-dire dans un gouvernement que les citoyens ne peuvent plus regarder comme leur ennemi, puisque ce gouvernement c'est eux-mêmes, ils ne se feront pas de leur parole un moyen de fraude; la confiance même que la loi leur accordera servira à développer en eux l'habitude de la bonne foi.

A vrai dire, il n'y a pas d'impôt qui n'engendre des abus. Mais on en pourrait dire autant de toutes les institutions humaines, même des meilleures. Ce qui est certain, c'est qu'il n'y a pas d'impôt plus conforme aux principes de l'équité et de l'économie sociale que l'impôt sur le revenu. C'est l'impôt démocratique par excellence. C'est celui que les républiques doivent substituer à tous ceux qu'a créés le génie fiscal des monarchies.